CPSIA information can be obtained
at www.ICGtesting.com
Printed in the USA
BVHW031122150821
614465BV00007B/675